Kinder lernen sprechen

Eine spielerische Sprachförderung

herausgegeben von Gerda Pighin
und illustriert von Margit Sillaber

Pattloch Verlag

Die Red' ist uns gegeben,
damit wir nicht allein
vor uns nur sollen leben
und fern von Leuten sein.

Simon Dach

Pattloch Verlag, Augsburg

Satz: Cicero Lasersatz, Augsburg
Gesamtherstellung: Druckerei Appl, Wemding
Printed in Germany
ISBN 3-629-00214-5

Inhalt

Vom ersten Schrei zum ersten Wort

Was Sprechen für uns bedeutet

Sprache ist die wichtigste Möglichkeit uns mit anderen Menschen zu verständigen. Mit Sprache können wir Gefühle ausdrücken, unsere Bedürfnisse artikulieren, etwas fordern, etwas ablehnen, Kontakt aufnehmen oder unsere Ideen und Wünsche mitteilen. Die Sprache verbindet uns mit anderen Menschen, macht uns zum Teil einer Gemeinschaft. Ohne Sprache wären wir einsam und isoliert.
Sprache brauchen wir aber noch zu einer anderen wichtigen menschlichen Fähigkeit: Zum Denken. Beim Denken „sprechen" wir sozusagen „nach innen". Ohne Worte sind auch keine Gedanken möglich.

Gewöhnlich glaubt der Mensch,
wenn er nur Worte hört,
es müsse sich dabei
doch auch was denken lassen

Goethe

Sprachentwicklung im ersten Lebensjahr

Mit seinem ersten Schrei gleich nach der Geburt beginnt ein Baby bereits seine Stimme zu „üben". Die Stimme, die es später zum Sprechen braucht. Zwar betrachten Sprachwissenschaftler das Schreien – und insbesondere den ersten Schrei – meist noch nicht als den Beginn der Sprachentwicklung. Dennoch werden dabei bereits die „Sprachwerkzeuge" trainiert. Das sind Atem, Gesichtsmuskulatur, Zunge, Lippen und Kehlkopf. Etwa ab der sechsten Woche beginnt das Kind dann tatsächlich mit den ersten „Sprechübungen": Es lallt. Das Weinen oder Schreien geht plötzlich

in völlig neue Laute über – häufig zum großen Entzücken der Eltern. Anfangs hört man vom Baby hauptsächlich Gurgel-, oder Sprudellaute, die bis etwa zum vierten Monat in Schnalz-, Schmatz- und Zischlaute übergehen. In einer, von den Fachleuten „zweiten Lallphase" genannten Zeit, etwa zwischen dem sechsten und neunten Lebensmonat differenzieren sich die Laute immer mehr, werden vielseitiger, das Kind bildet Silbenketten wie dadada, mamama, papapa und so weiter. Am Ende des neunten Monats spricht es erste zweisilbige „Wörter", wie da-da, mem-mem, am-am. Und es scheint sich in dieser Phase offenbar sehr gern selbst zuzuhören, sich mit seiner Stimme und seinen „Worten" gut zu unterhalten. Dabei übt es unentwegt neue Laute und Silben und lacht viel.
Bis zu diesem Zeitpunkt hat das Baby bereits einige große Entwicklungsschritte vollzogen. Es greift mit den Fingern nach Spielzeug, interessiert sich für alles, was sich bewegt, dreht sich vom Bauch auf den Rücken, lacht sich selbst im Spiegel zu.
Die körperliche und geistige Entwicklung hängt sehr eng mit der Sprachentwicklung zusammen. Insbesondere die Fähigkeiten der motorischen Beweglichkeit und der Hände haben einen direkten Einfluß auf die Sprechfähigkeit.
Eine weitere wichtige Voraussetzung fürs Sprechen ist ein gutes Gehör. Ein normal entwickeltes Kind reagiert von Anfang an auf Geräusche. Als Säugling erschrickt es und zuckt zusammen. Später dreht es die Augen, dann den Kopf nach der Geräuschquelle und hört fasziniert unterschiedlichen Geräuschen zu. Etwa mit neun Monaten findet es die leisen Geräusche, wie das Ticken einer Uhr, besonders spannend.
Auch im letzten Vierteljahr des ersten Lebensjahres macht das Baby erhebliche Fortschritte, was seine Bewegungsfähigkeit und die Geschicklichkeit der Hände anbelangt. Außerdem wächst sein Sprachverständnis enorm. Es versteht bereits Fragen, wie „wo ist der Ball"? – es schaut in die richtige Richtung oder streckt seine Arme danach aus. Das bedeutet, daß es bereits Begriffe im Gehirn gespeichert hat und sie richtig zuordnen kann. Das Sprechen selbst geht ein wenig langsamer vor sich als das Verstehen von Sprache. Das liegt daran, daß die Wahrnehmungsbahnen und die entsprechenden Hirnzentren für die Sprache früher ausgebildet sind, als die hochkomplizierten motorischen Fähigkeiten der Sprachwerkzeuge.
Aber um den ersten Geburtstag herum spricht das Baby bereits konkrete „Ein-Wort-Sätze": Haben, Wau-Wau, Papa, Mama, Auto.

Erste Fördermöglichkeiten und Spiele

Singen und Sprechen Sie mit ihrem Baby soviel wie möglich. Auch wenn es scheinbar noch nichts versteht, wird es doch gebannt Ihrer Stimme lauschen, Ihr Gesicht und Ihren Mund dabei beobachten, vielleicht sogar mit der Hand an Ihrem Mund die „Schwingungen" fühlen wollen. Augen- und Tastsinn spielen beim Sprechenlernen eine große Rolle.

Küßchen-Küßchen

Sie geben Ihrem Kind einen Luftkuß, das Kind schickt ihn zurück. Laut und schmatzend, so oft und schnell hintereinander wie es Spaß macht.

Gefühle

Schneiden Sie Grimassen. Das Kind soll sie nachmachen oder einfach nur zuschauen, je nach Alter. Die Grimassen können folgendes ausdrücken: Ärger, Freude, Anspannung, Zorn, frieren, schwitzen und so weiter.

Pustebacken

Blasen Sie die Wangen auf, lassen Sie die Luft langsam durch die gespitzten Lippen wieder entweichen. Oder Sie blasen die Wangen auf und schnipsen mit den Fingern dagegen. Wie klingt das? Bei den aufgepusteten Wangen des Kindes können Sie mit den Fingern dagegen schnipsen.

Zunge raus

Strecken Sie Ihrem Kind die Zunge heraus. Es darf auch Ihnen die Zunge herausstrecken. Mit der Zunge kann man rollen, von einem Mundwinkel in den anderen fahren, sie schnell rein und wieder rausstrecken. Übrigens: Schon ganz kleine Babys strecken die Zunge heraus, wenn man es ihnen vormacht.

Kniereiterverse

Das Kind wird auf den Schoß genommen und im Rhythmus auf- und abgeschaukelt.

Hopp, hopp, hopp
Pferdchen lauf Galopp,
über Stock und über Steine,
aber brich dir nicht die Beine,
hopp, hopp, hopp, hopp, hopp,
Pferdchen lauf Galopp.

Schicke, schacke, Reiterpferd!
Pferd ist nicht drei Pfennig wert.
Alle kleinen Kindchen
reiten auf dem Füllchen.
Wenn sie größer werden,
reiten sie auf Pferden.
Geht das Pferdchen trib, trib, trab,
fällt der kleine Reiter ab.

beim letzten Satz kann man das Kind vorsichtig in die Arme „fallen" lassen

Hoppe, hoppe Reiter!
Wenn er fällt, dann schreit er.
Fällt er in den Teich,
findt ihn keiner gleich.
Fällt er in die Hecken,
fressen ihn die Schnecken,
fressen ihn die Müllermücken,
die ihn vorn und hinten zwicken.
Fällt er in den tiefen Schnee,
dann gefällt's ihm nimmermeh.
Fällt er in den Graben,
fressen ihn die Raben.
Fällt er in den Sumpf,
dann macht er einen Plumps.

beim letzten Satz kann man das Kind vorsichtig in die Arme „fallen" lassen.

Hopp, hopp, hopp zu Pferde,
wir reiten um die Erde.
Die Sonne reitet hinterdrein,
wie wird sie abends müde sein.
Hopp, hopp, hopp!

Spaß und Freude mit Silben, Wörtern und Händen

Sprachentwicklung im zweiten und dritten Lebensjahr

Die Sprachentwicklung geht jetzt in rasantem Tempo weiter. Mit eineinhalb Jahren besitzt ein Kind einen Wortschatz von durchschnittlich 25 Wörtern. Mit zwei Jahren bereits 250 und mit drei Jahren 1000. Aus den Ein-Wort-Sätzen des Einjährigen, die ein ganzes Spektrum von Wünschen, Bedürfnissen und Aussagen beinhalteten, werden jetzt nach und nach Zwei- und Drei-Wort-Sätze. Die Sätze sind grammatikalisch natürlich noch nicht richtig und viele Wörter werden auch noch falsch ausgesprochen. Das hört sich für die Umgebung meist recht niedlich an. „Julia Puppe haben“, „isn das?“, „Bibuch schön“ (für: das Bilderbuch ist schön), oder „Max Mimo tinkt“ (für: Max hat Limonade getrunken), sind typische Aussprüche von Zweijährigen. Wichtig ist jetzt, daß Eltern und Betreuer nicht ebenfalls in diese Kindersprache verfallen, wenn sie sich mit ihrem Kind unterhalten. Denn es lernt Sprache ja vor allem durch Nachahmung, hört gut zu, paßt genau auf, was die Erwachsenen (oder andere Kinder) sagen. Hört es dabei nur sein eigenes Kauderwelsch, kann sich die Sprache nur schlecht weiterentwickeln. Falsch wäre es allerdings auch, das Kind ständig zu verbessern oder aufzufordern, das Gesprochene nochmals richtig zu

wiederholen. Ebenso bringt es wenig und schadet eher, wenn man dem Kind Wörter vorspricht und es dann nachsprechen läßt. Das Wichtigste beim Sprechenlernen ist der Spaß an der Sprache. Kinder, die ständig korrigiert oder gar ausgelacht, überfordert oder geschimpft werden, verlieren die Freude am Sprechen und sagen bald überhaupt nichts mehr. Keine Frage, daß dies für die Entwicklung sehr schädlich ist.
Eine gute Methode hingegen ist, wenn Mutter oder Vater einen Ausspruch des Kindes einfach richtig wiederholen. Etwa, wenn das Kind sagt: „Kaline Oketive sehn", antwortet die Mutter: „Ja, unsere Caroline hat heute eine Lokomotive gesehen." Wichtig ist ein gutes Sprachvorbild der Eltern, also daß sie viel mit ihrem Kind sprechen (auch singen, musizieren, Geschichten erzählen oder Gedichte aufsagen). Aber möglichst langsam, deutlich und in einfachen Sätzen, die es auch verstehen kann. Ebenso wichtig für die Sprachentwicklung ist aber auch, daß das Kind genug Möglichkeiten hat, seine übrigen Fähigkeiten, wie turnen, malen, toben und so weiter, zu trainieren. Daß es Antwort auf seine Fragen bekommt, daß es Anregungen für Spiele und interessante Dinge bekommt. Denn die Entwicklung der Sprache hängt sehr eng mit der körperlichen und geistigen Entwicklung zusammen.

Sprechen – ein komplizierter Vorgang

Eine Reihe von Körperfunktionen sind am Sprechen beteiligt: Atmung, Stimme (die durch die Ausatemluft im Kehlkopf entsteht), Artikulations„werkzeuge", wie Lippen, Zähne, Zunge, Gaumensegel, Gehör und zentrale Verarbeitung im Gehirn. Alle diese „Teile" müssen optimal funktionieren und zusammenarbeiten, damit ein Mensch sprechen kann. Insbesondere die Beweglichkeit kleinster Muskelgruppen (in Mund und Rachenraum) und das Gehör sind unerläßliche Voraussetzungen dafür, daß ein Kind sprechen lernt. Die Beweglichkeit der Sprechwerkzeuge hängt mit der Beweglichkeit der Hände und Finger zusammen, sie entwickeln sich parallel. Über den Gehörgang, das Trommelfell und die Gehörknöchelchen wird jeder akustische Reiz auf das Innenohr und von dort mittels elektrischer Impulse über Nervenbahnen ins Gehirn, beziehungsweise das Zentralnervensystem, weitergeleitet. Ist das Gehör geschädigt, kommen also Laute überhaupt nicht oder nur unvollständig oder verzerrt an, behindert dies die Sprachentwicklung. Im Gehirn wird Sprache erfaßt, kontrolliert und gespeichert. Das bedeutet, daß auch die Gehirnentwicklung eine wesentliche Rolle beim Spracherwerb spielt.

Fingerspiele

Bei jedem Vers werden die Finger oder Hände in entsprechender Weise bewegt. Die Verse selbst haben ebenfalls eine sprachfördernde Wirkung: Sie üben die Sprechwerkzeuge und wirken durch Takt und Rhythmus.

Der ist in den Busch gegangen,
der hat's Häschen gefangen,
der hat's heimgebracht,
der hat's gebraten,
und der kleine Schlingel
hat's verraten.

nacheinander alle Finger umlegen nur den Kleinen nicht

Backe, backe Kuchen,
der Bäcker hat gerufen,
wer will guten Kuchen backen,
der muß haben sieben Sachen:
Eier und Schmalz,
Butter und Salz,
Milch und Mehl,
Safran macht den Kuchen gehl.

im Sprechtakt dazu in die Hände klatschen

Da läuft ein Weglein,	*Handlinie zeigen*
da springt ein Häslein,	*in Handfläche stippen*
der hat's geschossen,	*Daumen*
der hat's Fell genommen,	*Zeigefinger*
der hat's gebraten,	*Mittelfinger*
der hat den Tisch gedeckt,	*Ringfinger*
und der kleine Schelm	*kleiner Finger*
hat den Teller ausgeschleckt.	

In unsrem Häuschen	*Hände dachförmig zusammenlegen*
sind viele Mäuschen.	*mit Fingern zappeln*
Sie trippeln und trappeln,	*Finger auf dem Bauch des Kindes*
sie zippeln und zappeln,	
sie stehlen und naschen,	*tanzen lassen*
und will man sie haschen –	
husch, sind sie weg.	*am Ohr kitzeln*

Daumen neig dich,
Zeiger streck dich,
Mittlerer bück dich,
Ringfinger heb dich,
Kleinster duck dich.

je nach Aussage die Finger beugen oder strecken

Zehn kleine Zappelmänner	*Hände halb hochhalten*
zappeln hin und her,	*Finger wild bewegen*
finden's gar nicht schwer.	
Zehn kleine Zappelmänner	*Hände von Schultern bis*
zappeln auf und nieder,	*Hüften auf und nieder bewegen*
zehn kleine Zappelmänner	
tun das immer wieder.	*wiederholen*
Zehn kleine Zappelmänner	*nach vorn und hinten*
zappeln rings herum,	*wiederholen*
zehn kleinen Zappelmännern	
scheint das gar nicht dumm.	
Zehn kleine Zappelmänner	
spielen gern Versteck,	*hinterm Kopf*
zehn kleine Zappelmänner	
sind auf einmal weg.	*hinterm Rücken*

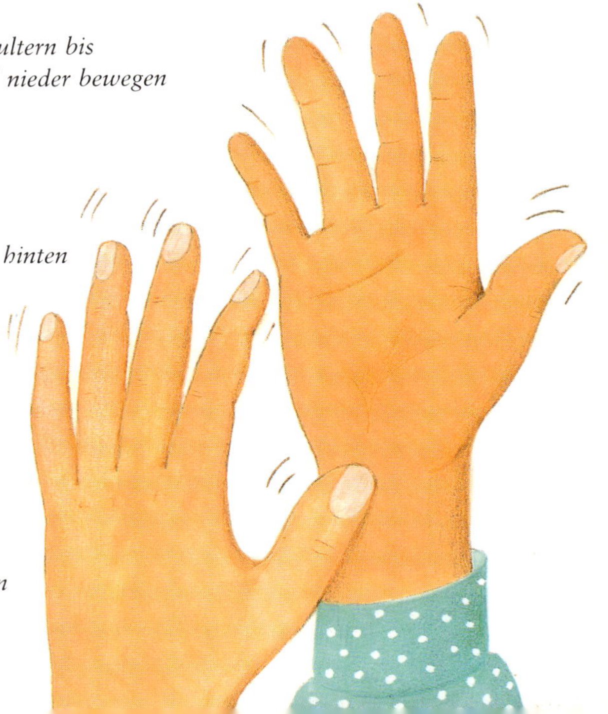

Sprechspiele und lustige Reime

Nonsens- oder Unsinnsgedichte, Kraftausdrücke, Silben-, Wort- und Buchstabenverwechslungen machen Kindern einen Riesenspaß. Sie lernen dabei schwierige Laute zu artikulieren, also sprechen und mit Sprache zu experimentieren, also Sprache. Denken Sie sich mit Ihrem Kind auch gemeinsam lustige Geschichten und Gedichte aus.

Lirum, larum Löffelstiel,
alte Weiber essen viel,
Junge müssen fasten,
Brot liegt im Kasten,
Messer liegt daneben,
ei, was ein lustig Leben.

Meine Mu, meine Mu,
meine Mutter schickt mich her,
ob der Ku, ob der Ku,
ob der Kuchen fertig wär.
Wenn er no, wenn er no,
wenn er noch nicht fertig wär,
käm ich mo, käm ich mo,
käm ich morgen wieder her.

Bum, bam Beier,
die Katz mag keine Eier.
Was mag sie dann?
Speck aus der Pfann:
Ei, wie lecker ist unsre Madam.

Auf dem Berge Sinai
wohnt der Schneider Kikeriki.
Seine Frau, die Grete,
saß auf dem Balkon und nähte,
fiel herab, fiel herab
und das linke Bein brach ab.
Kam der Doktor Hampelmann,
klebt das Bein mit Spucke an.

Ich wollt, ich wär ein Huhn,
dann hätt ich nichts zu tun.
Ich legte jeden Tag ein Ei,
und sonntags auch mal zwei.

Denkt euch nur, der Frosch ist krank,
liegt nur noch auf der Gartenbank,
quakt nicht mehr, wer weiß wie lang,
ach, wie fehlt mir sein Gesang!
Denkt euch nur, der Frosch ist krank.

Aua schreit der Bauer,
die Äpfel sind zu sauer,
die Birnen sind zu süß,
morgen gibts Gemüs'.

Auf dem Türmchen
sitzt ein Würmchen
trägt ein Schirmchen
unterm Ärmchen.
Kommt ein Stürmchen,
wirft das Würmchen
mit dem Schirmchen
unter'm Ärmchen
vom Türmchen.

Eine kleine Dickmadam
fuhr mal mit der Eisenbahn,
Eisenbahn, die krachte,
Dickmadam, die lachte.
setzt' sich in das grüne Gras,
machte sich die Hosen naß.

Mundgymnastik und Stimmbildung

Die Geschicklichkeit der Sprechwerkzeuge kann mit lustigen Spielen trainiert werden. Gleichzeitig bekommt bei solchen Spielen die Sprechmuskulatur Kraft und wird die Beweglichkeit von Lippen, Zunge, Gaumen oder Wangen angeregt. Das trägt zum besseren und deutlicheren Sprechen bei.

Alle Vögel sind schon da

Sie zwitschern mit Ihrem Kind in unterschiedlichen Tönen, wie die Vögel im Frühjahr. Dabei wird die Luft durch gespitzte Lippen eingesogen, die Zungenspitze stößt an den Gaumen.

Rüssel

Lassen Sie Ihr Kind mit der eingeatmeten Luft einen Joghurtbecher am Mund festsaugen. Diesen „Rüssel" soll es dann eine Weile halten, ohne die Hände zu Hilfe zu nehmen.

Federnjagd

Legen Sie einige sehr leichte Gegenstände auf den Tisch. Watteknäuel, Federn, Tischtennisbälle. Dann wird um die Wette gepustet. Schwieriger wird es, wenn durch einen Strohhalm gepustet werden muß. Man kann auch zwei „Tore" auf dem Tisch markieren und ein richtiges Kampfspiel mit Siegern draus machen.

Pferd und Wagen

Ihr Kind ist Kutscher und muß kräftig mit der Zunge schnalzen, damit das Pferd auf Trab kommt.

Chamäleon

Ein Chamäleon fängt Fliegen mit der Zunge. Dazu muß die Zunge sehr schnell herausgestreckt und wieder eingezogen werden.

Von Mund zu Mund

Ein Strohhalm, eine dünne Salzstange, ein länglicher Lutscher oder sonst irgend etwas längliches muß mit den Lippen von Mund zu Mund gegeben werden. Ist es etwas Eßbares, darf nach geglückter Übergabe immer ein Stück abgebissen werden.

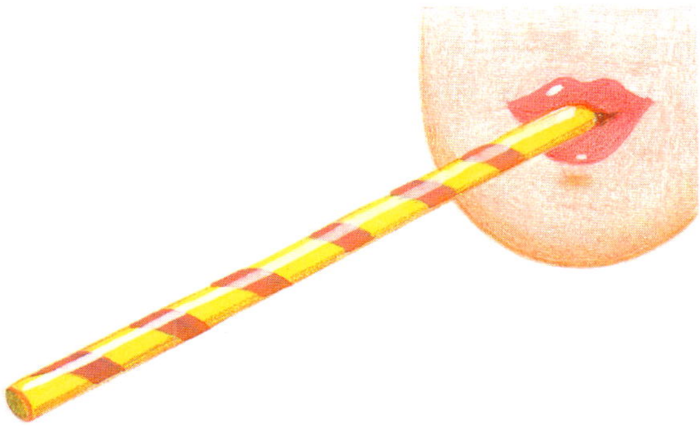

Schon mit dem Schreien als Säugling übt ein Kind seine Stimme. Sie entsteht im Kehlkopf, in dem sich die Stimmbänder bei jedem Ton zu einem engen Spalt schließen während die Ausatemluft hindurchströmt. Je kürzer und stärker gespannt die Stimmbänder sind, desto höher ist der Ton. Als Stimmübungen eignen sich alle Spiele, bei denen Geräusche nachgeahmt werden. Zum Beispiel: Wie macht ein Pferd, ein Hahn, ein Hund, eine Kuh? Oder, wie hört sich ein Auto, eine Straßenbahn, Sturmwind oder Regen an? Sprechen, Singen und Brüllen sind ebenfalls gute Stimmübungen. Brüllen sollten Kinder allerdings nicht zu lang oder zu laut.

Lieder

Auf der Mauer, auf der Lauer,
sitzt ne kleine Wanze.
Auf der Mauer, auf der Lauer,
sitzt ne kleine Wanze.
Schau dir mal die Wanze an,
wie die Wanze tanzen kann!
Auf der Mauer, auf der Lauer,
sitzt ne kleine Wanze.

Bei jeder neuen Strophe werden die Worte Wanze und Tanzen um je einen Buchstaben verkürzt: Wanz ... tanz; wan ... tan – solange, bis das Wort durch eine Pause ersetzt wird. Dann das ganze rückwärts, mit w ... t beginnen, bis es wieder Wanze und tanzen heißt.

Große Uhren machen tick, tack.
Kleine Uhren machen tick, tack,
tick, tack!
Und die kleinen Taschenuhren
machen ticke tacke, ticke tacke!
Rrrrr knacks ... kaputt!

Jede Uhr tickt anders, der Wecker, die Küchenuhr, die Armbanduhr ... Jedes Kind wird fasziniert sein über diese verschiedenen Tickgeräusche und wird sie gerne imitieren. Möglichkeiten gibt es viele: Zungenschnalzen, Klatschen, Fingerschnippen usw. Das Lied kann auch durch entsprechende Körperbewegungen mitgespielt werden.

Hopp, hopp, hopp,
Pferdchen lauf Galopp.
Über Stock und über Steine,
aber brich dir nicht die Beine.
Hopp, hopp, hopp,
Pferdchen, lauf Galopp.

Brr, brr, he.
Steh doch Pferdchen, steh.
Sollst schon heute weiterspringen,
muß dir nur erst Futter bringen.
Brr, brr, he,
steh doch Pferdchen, steh.

Tip, tip, tap.
Wirf mich nur nicht ab.
Zähme deine wilden Triebe,
Pferdchen, tu es mir zuliebe:
Tip, tip, tap,
wirf mich nur nicht ab.

Dieses Lied kann mit viel Spaß und Freude nachgespielt werden. Mal ist das Kind das Pferdchen, mal der Erwachsene. Diese Rollenspiele verhelfen dem Kind dazu, dialogfähig zu werden.

Drei Chinesen mit 'nem Kontrabaß,
saßen auf der Straße
und erzählten sich was,
da kam die Polizei,
ei, was ist denn das?
Drei Chinesen mit dem Kontrabaß!

Besonders lustig wird dieses Lied, wenn man die Vokale a, e, i, o, u untereinander austauscht. Also: Dro Chonoson mot dom Kontroboß, Dra Chanasan mat dam Kantrabaß, Dri Chinisin mit dim Kintribiß usw. ...

Munter spielen, munter sprechen

Sprachentwicklung ab dem vierten Lebensjahr

Im vierten Lebensjahr und danach bis zum Erwachsenenalter nimmt der Wortschatz stetig zu. Mit vier Jahren umfaßt er durchschnittlich 1500 Wörter bis zur Einschulung mit sechs Jahren etwa 2500 Wörter. Ein Erwachsener, der sich gut ausdrücken kann verfügt in der Regel über 10 000 Wörter. Wobei natürlich klar ist, daß weder der Erwachsene, noch das Kind immer den ganzen Wortschatz aktiv benutzt. Meist reichen ihm zum Sprechen weniger Worte, aber es versteht eben so viele. Ab dem vierten Lebensjahr wird beim Kind auch die Grammatik stetig besser. Es bildet Sätze mit mehreren Wörtern und komplexeren Formen. Ein Fünfjähriges kann meist schon ganz gut in komplizierten Schachtelsätzen sprechen. Die Sprachentwicklung verläuft individuell unterschiedlich und manchmal in regelrechten Schüben. Das heißt, manche Kinder sprechen früher, andere später. Bei manchen hat man oft das Gefühl, es geht nichts mehr vorwärts, doch plötzlich kann es wieder eine

Menge mehr. Drei- und Vierjährige haben häufig auch noch etliche Ausdrücke und Formulierungen aus ihrer Babysprachenzeit im Wortschatz. Oder sie verhaspeln sich beim Sprechen. Das ist normal. Denn man darf nicht vergessen, daß die geistigen Voraussetzungen zum Sprechen in ihrer Entwicklung den körperlichen (also Atmung und Motorik des Mundes und Rachens) immer um eine Nasenlänge voraus sind. Dennoch sollten Eltern die Sprachentwicklung ihres Kindes beobachten und im Zweifelsfall lieber einmal zu oft einen Fachmann aufsuchen (Näheres im Kapitel über Sprachstörungen). Denn Sprechen muß erlernt werden und ist ein so komplizierter Vorgang, daß diese Entwicklung natürlich auch sehr störanfällig ist. Je früher aber eine Sprach- und vor allem Gehörstörung (die für viele Sprachstörungen ursächlich verantwortlich ist) erkannt und behandelt wird, desto schneller kann ein Entwicklungsrückstand behoben werden, und Probleme des Kindes werden damit gelöst.
Spätestens wenn das Kind zur Schule kommt, sollte es fließend und ohne größere Fehler sprechen können. Das erleichtert ihm die neue Situation mit ihren besonderen Anforderungen ganz erheblich.
Parallel zur Entwicklung der Sprache entwickeln sich die Sinne, das Wahrnehmungs- und Denkvermögen, die motorische Geschicklichkeit. Eines ist vom anderen abhängig. Kinder, die mit fünf Jahren noch nicht ausschneiden oder mit vier Jahren keine Perlen auffädeln können, sprechen wahrscheinlich auch nicht besonders viel oder gut. Sprechen hat viel mit sehen, hören und tasten zu tun. Jede Förderung dieser Fähigkeiten fördert also gleichzeitig die Sprachentwicklung.

Wer einen wirklich klaren Gedanken hat,
kann ihn auch darstellen.
Ist der Geist einmal der Dinge Herr,
folgen die Worte von selbst.

Montaigne

Spiele – Lieder – Basteleien

Bienchen summm

Setzen Sie sich mit Ihrem Kind auf den Boden und stellen Sie sich vor, daß eine Biene im Zimmer herumfliegt. Sie und das Kind müssen die Biene mit den Augen verfolgen, dürfen aber den Kopf dabei nicht bewegen, sonst könnte die Biene stechen. Das gibt ein wildes Augenrollen.

Schlange fangen

Sie ziehen ein Seil im Zick-zack-Kurs durch das Zimmer. Das Kind muß die Schlange fangen, das heißt, mit dem Fuß auf ihren Schwanz (das Seilende) treten.

Schachteltrick

Setzen Sie sich die Hülle einer Streichholzschachtel (oder etwas ähnliches) auf die Nase. Ihr Kind muß nun mit seiner Nase diese Schachtel von Ihrer Nase entfernen. Die Hände dürfen nicht benutzt werden, sie gehören bei dem Trick auf den Rücken.

Licht und Schatten

Spielen Sie mit Ihrem Kind, daß es der Schatten von Ihnen ist. Der Schatten macht immer genau dasselbe wie der Mensch, der ihn verursacht. Das heißt, Ihr Kind muß alle Ihre Bewegungen nachmachen.

Geräusche raten

Das Kind steht mit dem Gesicht zur Wand und muß an den Geräuschen erraten, was Sie tun: Bleistift spitzen, ein Buch umblättern, eine Schallplatte auflegen, den Schuh zuschnüren, den Gürtel auf- und zumachen und viele andere Alltagsgeräusche.

Wortspiele

Lassen Sie Ihr Kind immer ein Wort finden, das lautlich zu dem paßt, das Sie gerade sagen: Tasse – Kasse, Nagel – Nadel, Katze – Tatze, Hund – Mund, Buch – Tuch. Umgekehrt macht es dem Kind sicher auch Spaß: Sie müssen das passende Wort finden.

Machet auf das Tor

1. Machet auf das Tor, machet auf das Tor!
Es kommt ein goldner Wagen.
2. Wer sitzt darin? Wer sitzt darin?
Ein Mann mit goldnen Haaren.
3. Was will er denn? Was will er denn?
Er will die Schönste holen.
4. Was tat sie denn? Was tat sie denn?
Sie hat sein Herz gestohlen.
5. Die Erste will er nicht, die Zweite
will er nicht, die Dritte will er holen.

Zwei Kinder oder Erwachsene bilden ein Tor. Sie fassen sich an den Händen und heben die Arme hoch. Die anderen (Kinder und Erwachsene) sind die Wagen, schlüpfen durch das Tor und stellen sich hinten wieder an. Bei „Dritte“ schließt sich das Tor, indem die beiden, die das Tor bilden, die Arme fallen lassen und eine Person „fangen“. Die „Gefangenen“ stellen sich hinter das Tor. Die beiden, die zuletzt noch durch das Tor gehen, bilden das neue Tor und das Spiel beginnt von vorne.

Schnützelputzhäusel

So geht es im Schnützelputzhäusel,
da singen und tanzen die Mäusel,
da bellen die Schnecken im Häusel.
Im Schnützelputzhäusel, da geht es sehr toll.
So geht es im Schnützelputzhäusel,
da singen und tanzen die Mäusel,
da bellen die Schnecken im Häusel.

Der Tisch lag im Bette und stöhnte so lang,
da heulte der Sessel, da weinte die Bank,
ganz jämmerlich taten sie klagen.
Im Schnützelputzhäusel, da geht es sehr toll …

Da rannte der Kessel ins Hühnerhaus,
der Ofen, der lief zur Stube hinaus,
eine spanische Mücke zu fangen.
Im Schnützelputzhäusel, da geht es sehr toll …

Da saßen zwei Ochsen im Storchennest,
die hatten einander gar lieblich getröst'
und wollten die Eier ausbrüten.
Im Schnützelputzhäusel, da geht es sehr toll …

Es zogen zwei Störche wohl auf die Wacht,
die hatten ihre Sache gar wohl bedacht
mit ihren großmächtigen Spießen.
Im Schnützelputzhäusel, da geht es sehr toll …

Ich wüßte der Dinge noch mehr zu sagen,
die sich im Schnützelputzhäusel zugetragen,
gar lustig wohl über die Maßen.
Im Schnützelputzhäusel, da geht es sehr toll.
So geht es im Schnützelputzhäusel,
da singen und tanzen die Mäusel,
da bellen die Schnecken im Häusel.

Fingertheater

Mit Händen und Fingern lassen sich ganze Szenen darstellen: Einkaufen, Treppen steigen, Autoverkehr, Kampf zwischen Ritter und Bösewicht, erblühende Blumen, schlängelnde Schlangen, Obst pflücken, Klavier spielen – der Phantasie sind keine Grenzen gesetzt. Damit das Theater auch eine richtige Bühne hat, kann man ein dunkles Tuch über eine Stuhllehne spannen, das Kind sitzt dahinter und nur seine Hände liegen auf dem Stuhl.
Hände und Finger können bemalt werden oder mit Papierhütchen, Wollfäden und ähnlichem „verkleidet" sein. Der Fantasie sind auch dabei keine Grenzen gesetzt.

Fingerelefant

Material: Pappe, Schere, Buntstifte

Die Vorderansicht eines Elefanten auf ein Stück Pappe oder festeres Papier zeichnen. An der Stelle, an der der Rüssel sein sollte, ein Loch hineinschneiden. Da kann der Finger des Kindes als Rüssel durchgesteckt werden. In dieser Machart lassen sich noch viele andere Tiere und Figuren basteln.

Falten und schneiden

Material: Papier, Lineal, Bleistift, Klebstoff, Farbstifte

Puppe: Ein quadratisches Papier wird Ecke auf Ecke zusammengelegt. Mit dem Lineal eine der kürzeren Kanten abmessen und an der langen Kante in diesem Abstand von der Ecke bis zur Spitze des Dreiecks einen Strich ziehen. Das Papier entlang dieses Strichs abschneiden.
Das Dreieck aufstellen. Für den Kopf ein längliches Papier nehmen, in der Mitte falten und einen Kreis hineinzeichnen. In den Kreis ein Gesicht malen, ausschneiden und doppelt auf die Spitze des großen Papierdreiecks kleben. Der Puppen„körper" kann ebenfalls mit Kleidung bemalt werden. Eignet sich auch gut als Tischdekoration, zum Beispiel beim Kindergeburtstag.

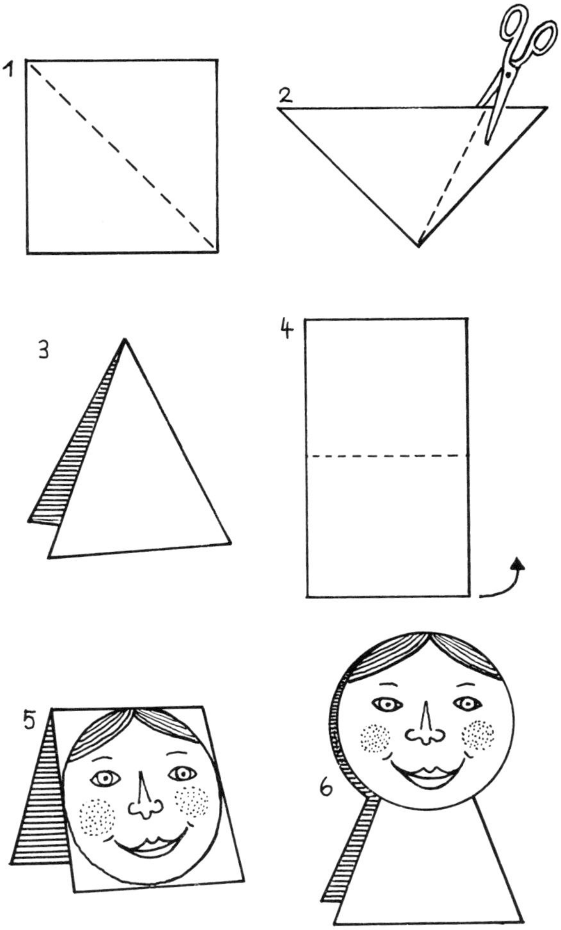

Spitzendeckchen

Material: Papier, Schere

Ein quadratisches Papier wird zweimal über der Mitte einer Kante und einmal über der Diagonalen gefaltet, damit ein Dreieck entsteht. Dann werden mit der Schere in die drei Kanten Zacken verschiedener Form und Größe geschnitten. Das ganze wieder auseinanderfalten, fertig.

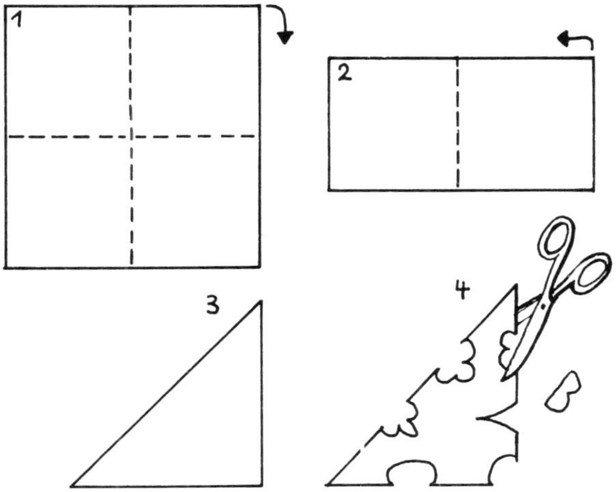

Tiere

Material: Papier, Bleistift, Schere, Buntstifte

Man nimmt ein längliches Papier, faltet es in der Mitte und zeichnet dann verschiedene Tiere im Profil so aufs Papier, daß der Rücken des Tieres an der gefalteten Kante liegt. Die Tiere können hübsch bemalt werden. Danach ausschneiden und aufstellen. Auf diese Weise kann ein Zoo, ein Bauernhof, ein Park mit Tieren und so weiter gebastelt werden.

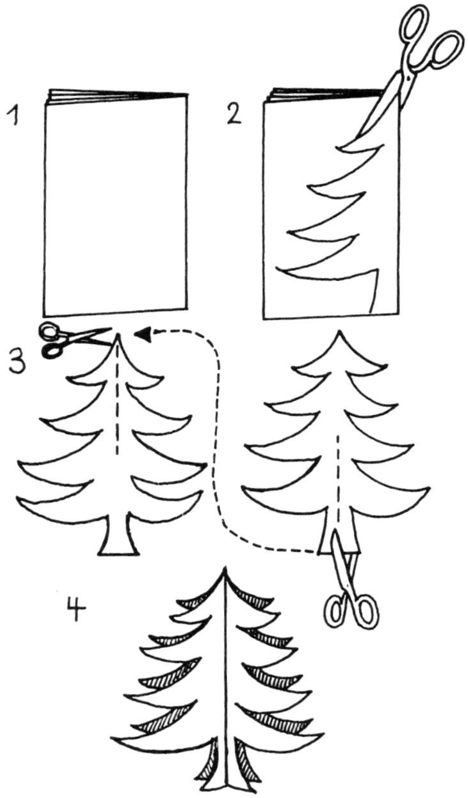

Tannenbaum

Material: Papier, Bleistift, Schere, Klebstoff

Zwei längliche, am besten grüne Papiere werden aufeinandergelegt und in der Mitte gefaltet. Dann entlang der Faltkante einen halben Tannenbaum zeichnen und ausschneiden. Die Faltkante darf nicht aufgeschnitten werden. Die beiden Tannenbäume werden in der Mitte eingeschnitten – einer von oben, einer von unten und dann zusammengesteckt. Die Spitzen können mit einem kleinen Klecks Kleber zusammengeklebt werden, dann steht der Baum besser.

Sprechzeichnen

Material: Schreibpapier und Buntstifte

Beim Zeichnen wird immer zu den Bewegungen der Hand im Rhythmus gesprochen. Die Strichzeichnungen können dabei einmal mit der bevorzugten Hand, dann mit der anderen (ist viel schwerer) und mit beiden Händen gemacht werden.

Das ist das Haus
1 2 3 4
vom Nikolaus
5 6 7 8

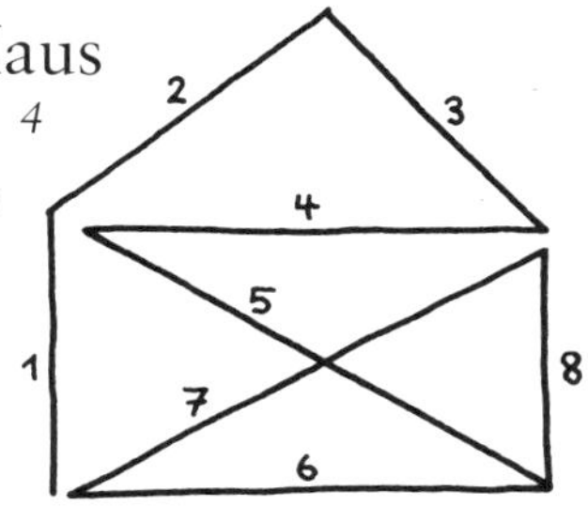

Kri, Kra, Kreuzfuß,
1 2 3 4
Gänse laufen barfuß.
5 6 7 8

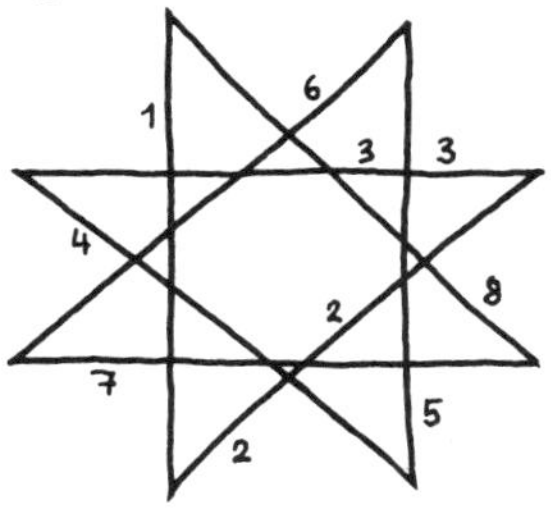

Punkt, Punkt, Komma, Strich,
rundherum das Angesicht,
mit zwei langen Ohren
ist der Mensch geboren,
Hals wie eine Flasche,
Bauch wie eine Tasche,
Hände wie zwei Besen,
Füße sind's gewesen,
Hut wie eine Butter,
fertig ist die Schwiegermutter.

Hin und her,
hin und her,
hin und her,
das ist nicht schwer.

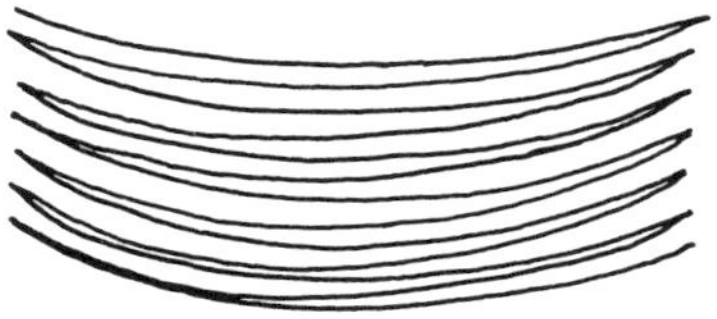

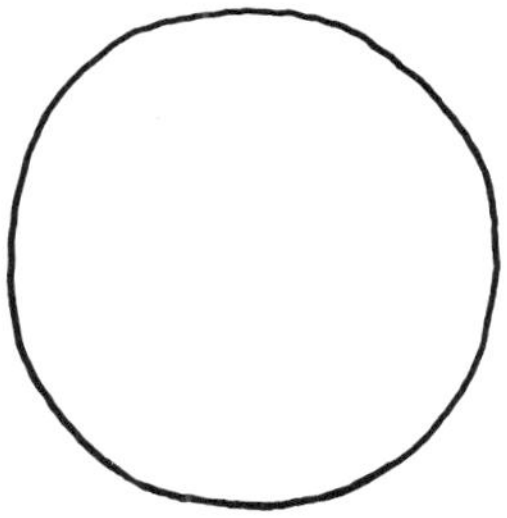

Lirum, larum, Löffelstiel,
wer dies kann, der kann nicht viel.

Herr von Hagen,
darf ich's wagen,
Sie zu fragen,
welchen Kragen,
Sie getragen,
auf der Fahrt nach Kopenhagen?

Spiele, die auch noch beim Sprechen helfen

Klatschspiele

Zu den nachstehenden Versen und Abzählreimen sollen die Kinder im Rhythmus in die Hände klatschen. Entweder, wenn es nur ein Kind ist, in die eigenen Hände (das kann abgewechselt werden mit einem Klatsch auf die Oberschenkel). Oder, mit einem anderen Kind oder Vater oder Mutter zusammen: Einmal in die eigenen Hände klatschen, dann mit der rechten Hand zur rechten Hand des Partners (über Kreuz), mit beiden Händen auf die Hände des Partner, mit der linken zur linken Hand des Partners. Mit einiger Übung entstehen so die schönsten Klatschspiele.

Scheren schleifen,
Scheren schleifen,
ist die beste Kunst.
Wer dies nicht kann,
wer das nicht kann,
der ist ein dummer
Hampelmann.

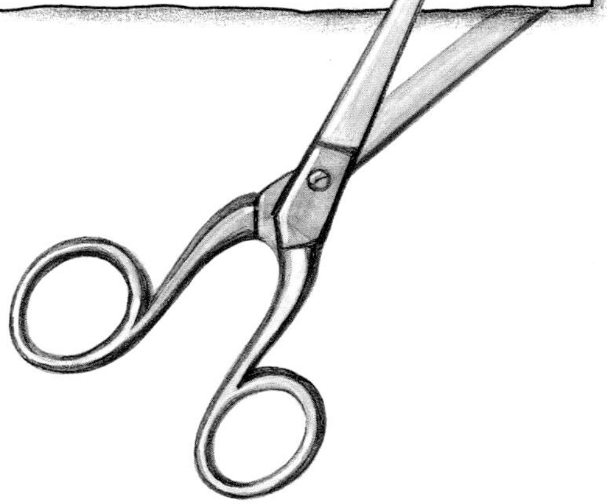

Scheren schleifen, Scheren schleifen,
ist die beste Kunst,
die rechte Hand, die linke Hand,
die geb' ich dir zum Unterpfand,
da hast du sie, da hast du sie,
da hast du alle beide.

Klatschen, klatschen,
Hand in Hand,
klettern, klettern an der Wand,
drehen immer g'schwinder,
still sind alle Kinder.

Ein Schneider fing 'ne Maus

Ein Schneider fing 'ne Maus,
ein Schneider fing 'ne Maus,
ein Schneider fing 'ne Mausemaus,
mi, ma, Mausemaus,
ein Schneider fing 'ne Maus.

Was macht er mit der Maus? …

Er zieht ihr ab das Fell …

Was macht er mit dem Fell? …

Er näht sich ein Stück Sack …

Was macht er mit dem Sack? …

Er tut hinein sein Geld … …

Was macht er mit dem Geld? …

Er kauft sich einen Bock …

Was macht er mit dem Bock? …

Er reitet durch die Welt …

Was macht er in der Welt? …

Er fällt gleich in den Dreck …

Abzählreime

Sprache ist rhythmisch. Kinder bewegen sich gerne im Rhythmus, Rhythmus ist beruhigend. Rhythmische Spiele fördern alle Fähigkeiten des Kindes, vor allem aber Motorik und Sprache. Deshalb sind bei Kindern auch Abzählreime so beliebt. Sie haben einfache „Melodien“, die sich ein Kind leicht merken und die es leicht nachsprechen kann.

Eins, zwei, drei, vier, fünf,
strick mir ein paar Strümpf,
nicht zu groß und nicht zu klein,
sonst wirst du der Haschmann
sein.

Eins, zwei, drei, vier, fünf, sechs,
sieben,
eine alte Frau kocht Rüben,
eine alte Frau kocht Speck
und du bist weg.

Ich und du
Müllers Kuh,
Müllers Esel,
der bist du.

Eins, zwei, drei
Butter in den Brei,
Salz auf den Speck,
und du bist weg.

Eins, zwei, drei,
auf der Straße liegt ein Ei.
Wer drauf tritt,
der darf nicht mit.

Eins, zwei, drei,
rische, rasche, rei,
rische, rasche, Plaudertasche,
du bist frei.

Auf dem Berge Sinai
wohnt der Schneider Kikriki.
Schaut mit seiner Brille raus:
Eins, zwei, drei
und du bist draus.

Eene, mene, meck
und du bist weg.
Eene, mene, mei
und du bist frei.

Hinter Mauern, Bäumen, Hecken
wollen wir uns jetzt verstecken.
Bei den Riesen, bei den Zwergen
wollen wir uns jetzt verbergen.
Schließet eure Augen zu,
alsdann komm und suche du.

Lauf- und Hüpfspiele

Seilspringen

Springseile gibt es fertig zu kaufen. Es reicht aber auch ein etwas schwereres Seil in der richtigen Länge. An beiden Enden macht man einen Knoten, damit es das Kind besser halten kann. Das Seil wird von hinten nach vorne über den Kopf geschwungen. Ist es bei den Füßen angekommen, muß das Kind darüber springen: Mit beiden geschlossenen Beinen. Mit einem Bein (im Wechsel, einmal links einmal rechts). Mit geschlossenen Beinen und einem Zwischenhüpfer. Im Laufschritt nach vorne.
Seilspringen können auch mehrere Kinder mit einem langen Schwungseil. Jeweils ein Kind hat ein Ende des Seils in der Hand, ein Kind steht in der Mitte. Die beiden Kinder, die das Seil halten, schwingen es langsam zu einem großen Kreis. Das Kind in der Mitte muß die jeweiligen „Muster“ hüpfen.

Schattenlauf

Das Spiel geht nur bei Sonnenschein. Das Kind muß versuchen, auf den Schatten eines anderen Kindes oder von Vater und Mutter zu treten. Natürlich läuft der andere im Zick-zack. Ist der Schatten getroffen, kommt der andere dran (geht natürlich auch mit mehreren Kindern).

Kästchenhüpfen

Auf den Boden werden fünf Kästchen hintereinander gezeichnet. Das Kind wirft einen Stein ins erste Kästchen, hüpft dann mit einem Fuß hinein, hebt den Stein auf (ohne auf den zweiten Fuß zu steigen), wirft den Stein ins nächste Kästchen, hüpft nach, und so weiter. Ganz oben angelangt muß es einen Kreuz-Dreh-Sprung machen (mit beiden Füßen einmal überkreuz nach vorne, beim zweiten Sprung umdrehen). Danach geht die Hüpfreise auf dem anderen Fuß wieder zurück.

Der Plumpsack geht um

Mehrere Kinder stehen im Kreis, die Hände auf dem Rücken. Ein Kind läuft mit einem zusammengeknäuelten Taschentuch oder sonst einem Spielzeug hinter den anderen um den Kreis herum. Es spricht den Vers: „Schau dich nicht um, der Plumpsack geht um. Er geht um den Kreis, daß niemand was weiß." Hinter irgendeinem Kind läßt es den „Plumpsack" fallen. Entdeckt dieses Kind den Plumpsack, muß es ihn aufheben und dem anderen Kind schnell nachlaufen, um ihm einen Schlag auf den Rücken zu geben. Gelingt ihm das nicht, ehe das Kind die Lücke im Kreis erreicht hat, ist es als nächster der Plumpsack.

Rirarutsch

Zwei Kinder stehen nebeneinander und geben sich die Hände über Kreuz. Sie marschieren im Takt zu folgendem Vers vorwärts:

Ri ra rutsch,
wir fahren mit der Kutsch,
wir fahren mit der Schneckenpost,
wo es keinen Pfennig kost.
Ri ra rutsch,
wir fahren mit der Kutsch.

Beim letzten „wir fahren mit der Kutsch" drehen sich die beiden um, ohne sich an den Händen loszulassen.

Hexenschritt

Zwei oder mehrere Kinder stehen nebeneinander und halten sich hinter dem Rücken umschlungen. Auf Kommando oder zu einem Vers gehen alle mit dem linken Fuß nach vorne links, dann über Kreuz, mit dem rechten Fuß nach vorne rechts. In diesem Rhythmus geht es weiter.

Es gibt noch eine weitere Schrittfolge, die auch sehr lustig ist. Zwei oder mehrere Kinder stehen nebeneinander und haken sich mit den Armen ein.

Dann geht's los. Immer mit dem rechten Schritt wird bis 10 gezählt, danach wird mit dem folgenden Vers die Schrittfolge bestimmt:

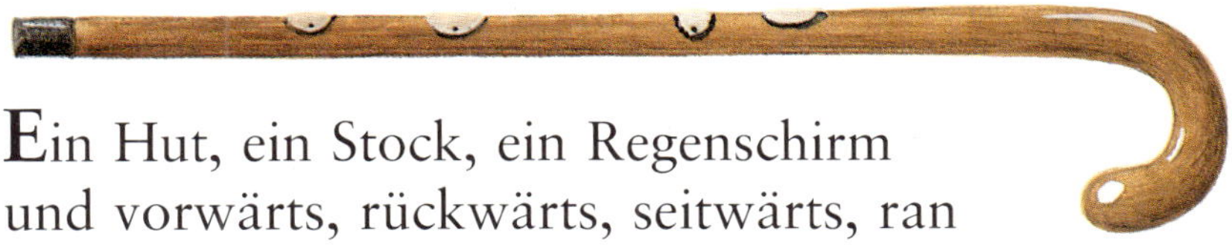

Ein Hut, ein Stock, ein Regenschirm
und vorwärts, rückwärts, seitwärts, ran
Und eins, und zwei, und drei, und vier,
und fünf, und sechs, und sieben, und acht,
und neun, und zehn:
Ein Hut, ein Stock ...

Je länger das Spiel geht, um so wirrer wird der Vers und die Schrittkombination.

Ringel, rangel Ratze,
wir tanzen mit der Katze,
da kommt der Hund gelaufen
und rennt uns übern Haufen.

Die Kinder fassen sich an den Händen, laufen im Kreis und sprechen dazu den Vers. Ein Kind steht außerhalb und spielt den Hund, der versucht alle Kinder beim letzten Satz umzuwerfen.

Atmungs- und Entspannungsspiele

Unser Atem ist etwas ganz besonderes. Er ist lebensnotwendig, man atmet immer. Das besondere ist, daß die Atmung sowohl unbewußt funktioniert, wie auch bewußt gesteuert und beeinflußt werden kann. Mit dem Atem lassen sich Verkrampfungen im Körper und auch in der Seele lösen. Und nicht zuletzt ist der Atem untrennbar mit der Sprache verbunden. „Richtig" atmen lernt man nur durch Übung.

Nasenatmung

Im Schneidersitz hinsetzen. Mit dem Ringfinger der rechten Hand das linke Nasenloch verschließen, durch das rechte Nasenloch einatmen und dabei langsam bis vier zählen. Mit dem Daumen das rechte Nasenloch zuhalten und den Atem vier Sekunden lang anhalten. Danach durch das rechte Nasenloch ausatmen – vier bis acht Sekunden lang.

Ein- und ausatmen

Im Schneidersitz sitzen. Durch die Nase tief einatmen, so daß der Bauch sich ausdehnt. Dann den Bauch stark zurückziehen, die Luft wird durch die Nasenlöcher wieder herausgedrückt. Mehrmals wiederholen.

Baum

Aufrecht stehen, die Arme ausgebreitet. Langsam ein Bein anheben, den Fuß an das Knie des anderen Beines stellen. Langsam die Arme ausbreiten und über dem Kopf die Hände berühren. Einige Sekunden so stehen bleiben.

Auf den Rücken legen, die Arme seitlich am Körper, die Beine geschlossen und ausgestreckt, die Füße fallen locker auseinander. Die Hände unter den Po schieben, die Ellenbogen aufstellen, der Oberkörper geht hoch. Den Kopf so weit wie möglich zurücklegen, den Brustkorb anheben und langsam in den Bauch atmen. Zirka fünf Sekunden lang und dann langsam wieder auf den Rücken zurücklegen.

Aufrecht knien, die Arme seitlich herunterhängen lassen. Langsam auf die Fersen setzen, Kopf und Oberkörper nach vorne einrollen bis der Kopf den Boden berührt. Die Arme sind seitlich nach hinten gestreckt und die Hände liegen ebenfalls am Boden. Einige Sekunden so liegen bleiben und dabei in den Bauch atmen. Dann langsam wieder aufrichten.

Wortspiele

Abends schleicht auf leiser Tatze
zu dem Kirschbaum Nachbars …
Klettert flink hinauf bis fast
auf den allerhöchsten …
Denn bekanntlich fressen Katzen
außer Mäusen auch gern …
Vater Spatz piepst laut im Dustern
und beginnt sich aufzu …
Augen glühen, Krallen wetzen
Vater Spatz hörts mit …
Doch die Spätzin – wolln wir wetten –
wird schon ihre Kinder …
Kämpft so lange um ihr Nest,
bis die Katz' den Baum ver …

Dieses Gedicht ist vom Kind zu ergänzen. Am Anfang wird man die Auflösung noch dazusprechen müssen, aber sehr schnell kann das Kind die fehlenden Worte selbst finden. Viele Reime dieser Art können so variiert werden.

Morgens früh um sechs

Morgens früh um sechs
kommt die kleine ...
Morgens früh um sieben
schabt sie gelbe ...
Morgens früh um acht
wird der Kaffee ...
Morgens früh um neune
geht sie in die ...
Morgens früh um zehne
holt sie Holz und ...
Macht Feuer an um elf,
kocht dann bis um zwölf,
Frösche, Krebse und Fisch,
Kinder, kommt zu ...

Eins, zwei drei

Eins, zwei, drei
alt ist nicht neu,
sauer ist nicht süß,
Händ' sind keine Füß,
Füß' sind keine Händ',
das Lied hat kein End.
Eins, zwei, drei,
alt ist nicht neu,
warm ist nicht kalt,
kalt ist nicht warm,
reich ist nicht arm.
Eins, zwei, drei,
alt ist nicht neu,
arm ist nicht reich,
hart ist nicht weich,
frisch ist nicht faul,
'n Ochs ist kein Gaul.

Wunderlich

Ich sitze da und esse Klops,
mit eenmal klopts.
Ich kieke, schaue, wundre mir,
uff eenmal jeht sie uff, die Tür.
Ich stehe uff und denk nanu,
jetzt iß se uff, erst war se zu.
Ich jeh hinaus und kieke
und wer steht draußen?
Ike!

Gute Nacht

Eins ist nicht zwei,
zwei sind nicht drei,
drei sind nicht vier,
Fünf sind nicht sechs,
sechs nicht nicht sieben,
sieben sind nicht acht,
sag' gute Nacht.

Es war einmal ein Mann,
der hatte einen Schwamm,
der Schwamm war ihm zu naß,
da ging er auf die Gaß'.
Die Gaß' war ihm zu kalt,
da ging er in den Wald.
Der Wald war ihm zu grün,
da ging er nach Berlin.
Berlin war ihm zu groß,
da macht er in die Hos'.
Die Hos' wurd ihm zu klein,
da ging er wieder heim.

Eins und zwei – Polizei
drei und vier – ein Klavier
fünf und sechs – alte Hex'
sieben, acht – Schluß gemacht
neun und zehn – wir müssen
gehn.

La-le-li-lo-lu,
die dumme Kuh sagt
ma-me-mi-mo-muh!

Wenn es Kindern die Sprache verschlägt

Eltern freuen sich, wenn ihr Kind das erste verständliche Wort spricht. Und eine häufige Frage von Nachbarn und Verwandten ist: „Spricht das Kind schon?“ Schließlich können viele Erwachsene mit Kindern erst so richtig etwas anfangen oder gut mit ihnen spielen, wenn sie sich auch mit ihnen unterhalten können, wenn das Kind verständlich auf ihre Fragen antwortet. Die wichtigsten Voraussetzungen, damit ein Kind richtig sprechen lernt, sind körperliche Gesundheit, störungsfreie geistige und motorische Entwicklung und eine optimale Sprachumgebung, das heißt Eltern, die viel und gut mit ihrem Kind sprechen und richtig artikulieren. Doch trotz guter Voraussetzungen können in der Entwicklung des hochkomplizierten Sprechvorgangs Störungen auftreten. Hier werden die häufigsten erklärt und was man dagegen tun kann. Grundsätzlich müssen bei jeder Sprachstörung erst einmal die Ursachen genau erklärt werden. Das macht der Kinderarzt, Hals-Nasen-Ohren-Arzt oder der Phoniater (Spracharzt). In jedem Fall ist das Gehör zu überprüfen. Es reicht nicht aus, wenn die Eltern das Gefühl haben, das Kind hört gut, denn es reagiert ja auf Geräusche. Hörstörungen, die die Sprachentwicklung immer hemmen, können so „versteckt" sein, daß sie nur durch Spezialuntersuchungen ans Licht kommen. Schon bei Babys sind solche Spezialuntersuchungen möglich. Wenn Sie als Eltern unsicher sind, ob sich die Sprache Ihres Kindes normal entwickelt, lassen Sie sich also niemals mit der Floskel „das wächst sich schon noch aus" abspeisen, sondern suchen Sie im Zweifelsfall einen weiteren Arzt oder Spezialisten auf.

Verzögerung der Sprachentwicklung

Zwar entwickelt sich die Sprache bei Kindern in einem individuell unterschiedlichen Tempo, es lassen sich also keine fixen Daten festlegen. Dennoch gibt es Anhaltspunkte, die auf eine verzögerte Sprachentwicklung hindeuten.

- Im ersten Lebensjahr sollte ein Baby etwa mit vier bis sechs Wochen zu Lallen beginnen. Im vierten bis fünften Monat deutlich auf Geräusche reagieren, insbesondere auf die Stimme der Mutter. Am Ende des Jahres die ersten sinnvollen Wörter sprechen. Zum Beispiel Mama, Papa, Dada, Gaga.

- Um den zweiten Geburtstag herum sollte das Kind bereits über einige Zweiwortsätze verfügen, mit denen es etwas ausdrückt. Zum Beispiel Anna trinken, Auto tüt, und so weiter.

- Im dritten Lebensjahr müssen schnell neue Worte hinzukommen, das Interesse am Sprechen soll wachsen, etwa in der Form, daß das Kind den Erwachsenen aufmerksam zuhört, ihr Mienenspiel beobachtet und versucht nachzusprechen.

- Jenseits des dritten Geburtstags sollte das Kind auch von Außenstehenden gut verstanden werden.

Hinkt Ihr Kind in seiner Entwicklung diesen Richtlinien deutlich hinterher, sollten Sie fachliche Hilfe suchen. Zuerst müssen immer die Ursachen herausgefunden und nach Möglichkeit beseitigt werden. Erst dann kann man an der Sprache „arbeiten". Und das können Sie tun:

– Sprechen Sie mit Ihrem Kind langsam, deutlich und in kurzen, verständlichen Sätzen.
– Vergessen Sie nicht, daß Sprechen Freude bereiten soll. Fordern Sie Ihr Kind also nicht auf, etwas zu sagen. Freuen Sie sich hingegen, wenn es Fortschritte macht.

– Spielen, singen, toben, erzählen Sie mit Ihrem Kind.
– Balancieren, Gymnastik, Fingerspiele, Rollschuhlaufen, Hüpfen wirken sich positiv auf die Sprachentwicklung aus. Anregungen finden Sie in diesem Buch.

Stammeln

Stammeln wird von Fachleuten Dyslalie genannt. Es ist die am weitesten verbreitete Sprachstörung bei Kindern und stellt eine Artikulationsstörung dar. Das Kind sagt beispielsweise „Tule“ statt „Schule“, „Toffeln“ statt „Kartoffeln“ und so weiter. Allerdings ist das Stammeln nicht immer eine wirkliche Störung. Denn es gehört in den ersten Lebensjahren zur ganz normalen Sprachentwicklung und wird deshalb auch das „physiologische“ Stammeln genannt. Erst wenn Ihr Kind nach dem vierten Geburtstag noch viele solcher falsch artikulierter Wörter im Sprachschatz hat, braucht es Hilfe.
Zu den Ursachen zählen Hirnstörungen, eingeschränkte Beweglichkeit der Finger (motorische Störung), Gehörstörungen aber auch schlechte Sprachvorbilder. Ein stammelndes Kind gehört erstens gründlich untersucht, um mögliche Ursachen zu erkennen und zu beseitigen. Und zweitens in die Behandlung einer Logopädin oder eines Sprachtherapeuten. Adressen bekommt man bei der Krankenkasse, bei Gesundheitsämtern, beim Kinder- oder Hals-Nasen-Ohren-Arzt oder von der Deutschen Gesellschaft für Sprachheilpädagogik, Leonberger Ring 1, 1000 Berlin 47, oder beim Zentralverband für Logopädie, Stormstraße 19, 5000 Köln 40.

Lispeln

Lispeln ist eine Sonderform des Stammelns. Meist werden dabei die S-Laute so ausgesprochen wie ein englisches „th“, es hört sich an, als würde das Kind mit der Zunge an den Zähnen anstoßen. Es gibt aber auch das sogenannte seitliche Lispeln, wobei beim Sprechen ein zischendes, schlürfendes Nebengeräusch entsteht.
Lispeln ist in aller Regel eine eher harm-

lose Störung, die sich jedoch oft nur schwer beseitigen läßt. Es kann eine Hörstörung dafür in Frage kommen, wobei hohe Töne vom Kind nicht wahrgenommen werden. Deshalb sollte man diese Störung ebenfalls nicht auf die leichte Schulter nehmen und auf jeden Fall einen Fachmann aufsuchen.

Näseln

Beim Näseln sind hauptsächlich Zischlaute, aber auch G-, K- und R-Laute stark verändert. Oftmals ist nur ein schnaubendes Geräusch aus der Nase zu hören, wenn das Kind spricht. Näseln kann von einer Gaumenspalte oder einem zu unbeweglichen Gaumsegel kommen. Auch Hörstörungen können dafür verantwortlich sein. Eine genaue Untersuchung der Sprechorgane, der Motorik, der Gehirnleistung und des Gehörs ist notwendig. Die Behandlung gehört unbedingt in die Hände eines erfahrenen Therapeuten. Ohne fachliche Anleitung zu Hause „üben“ kann die Störung unter Umständen noch verstärken, auf jeden Fall ist es aber wirkungslos. Viel besser ist es, viel mit dem Kind zu turnen, zu singen, zu spielen. Und vor allem viel Geduld aufzubringen, auch für Übungen, die der Therapeut „verschreibt“.

Poltern

Poltern wird auch Entwicklungsstottern genannt. Das Kind spricht offenbar zu schnell, bleibt hängen, „stolpert“ über einige Silben oder wiederholt Wörter und Satzteile mehrmals, so daß der Zusammenhang nur noch schlecht zu verstehen ist. Manchmal hat man auch das Gefühl, das Kind müßte erst einmal tief Luft holen, ehe es spricht. Bei Kleinkindern, die meist sehr temperamentvoll sind, gehört dieses Poltern zur normalen Sprachentwicklung, ist also nicht behandlungsbedürftig. Man darf das Kind ruhig dazu anhalten, etwas langsamer zu sprechen. Und sollte natürlich auch selbst langsam und betont mit dem Kind sprechen. Denn Poltern tritt häufig in Familien auf, in denen insgesamt temperamentvoll und schnell gesprochen wird. Hält das Poltern mehrere Monate an, sollte ein Fachmann um Rat gefragt werden. Denn für das Poltern – besonders im höheren Alter – können auch Hirnerkrankungen in Frage kommen. Zudem läßt sich Poltern von Laien oft nur schwer vom Stottern unterscheiden. Da Stottern aber ein völlig anderes Störungsbild ist, bei dem etwa Kinder auf keinen Fall auf ihren „Fehler“ aufmerksam gemacht werden sollen, kann es wichtig sein, eine Diagnose stellen zu lassen.

Stottern

Stottern ist eine der kompliziertesten Sprachstörungen überhaupt. Es kommen sehr viele verschiedene Ursachen dafür in Betracht – körperliche wie seelische. Außerdem tritt Stottern auch in sehr unterschiedlichen Formen und Schweregraden auf. Deshalb ist auch die Behandlung des Stotterns ausgesprochen schwierig.
Stottern kann in jedem Lebensalter auftreten. Bei Kindern beginnt es meist im Vorschulalter und ist oft nur schwer vom Poltern oder physiologischen Stottern zu unterscheiden. In jedem Fall aber ist Stottern ein echtes Leiden, ein sehr schweres sogar, und keine schlechte Angewohnheit, wie Eltern manchmal annehmen.
Wenn ein Kind anfängt zu stottern, sollte es deshalb immer sofort einem Fachmann vorgestellt werden. Ein stotterndes Kind sollte auf keinen Fall auf seine Störung aufmerksam gemacht oder womöglich dafür getadelt werden. Worte, wie „jetzt denk doch erst mal nach, bevor du sprichst", oder „hol mal tief Luft und rede dann", führen höchstens dazu, daß sich das Kind noch mehr verkrampft und überhaupt nichts mehr herausbringt. Auch das Vollenden von Sätzen, die das Kind sagen möchte, wirkt sich schädlich aus. Es merkt, daß etwas nicht mit ihm stimmt, spürt, daß die Zuhörer ungeduldig reagieren – und spricht bald gar nichts mehr. Das kann zu totaler Isolation führen.

Dysgrammatismus

Eine ebenfalls häufige Störung ist bei Kindern der sogenannte Dysgrammatimus. Das heißt, ein vier bis fünfjähriges Kind bildet keine richtigen Sätze (davor ist dieses Phänomen normal). Es sagt zum Beispiel „Papa, du nicht vergißt Tennisschläger". Häufig sind die Ursachen für diese Störung optische Wahrnehmungsschwächen oder feinmotorische Störungen (seltener Hörstörungen). Solche Schwächen müssen natürlich behandelt werden. Singen und rhythmische Übungen helfen überdies, weil in diesen Übungen eine prinzipielle Ordnung steckt. Vorsprechen oder gar nachsprechen lassen hilft meist wenig. Aber zum Beispiel Spiele, bei denen Ortsbestimmungen geübt werden, wie oben – unten, hoch – höher, hoch – tief, klein – groß und so weiter. Auch Spiele, bei denen das Kind seinen Tastsinn üben kann, helfen. Denn Sprache wird von Kindern nicht nur über das Hören begriffen, sondern auch von allen anderen Sinnen, insbesondere dem Tast- und Sehsinn.

Sprachentwicklungskalender

Zeittafel		**Unser Kind**
bis 7. Woche	Schreien	
6. Woche bis 6. Monat	1. Lallperiode	
6. bis 9. Monat	2. Lallperiode	
8. bis 9. Monat	Nachahmung und Verständnis	
9. bis 12. Monat	Erste sinnvolle Worte	
12. bis 18. Monat	Einwortsätze	
18. bis 24. Monat	Zweiwortsätze, Fragen	20 Monate, 18 Monate
2. Lebensjahr	Aussagesätze, grammatikalisch noch nicht richtig	
3. Lebensjahr	Drei- und Mehrwortsätze (Grammatik wird besser)	
4. Lebensjahr	Fragealter, kompliziertere Sätze, immer neue Wörter	

Zungenbrecher zum Schluß

Mit Zungenbrechern kann man den besten Sprecher verwirren. Für Kinder ist dies besonders lustig, da sie bemerken, daß es Situationen in der Sprache gibt, die auch die Erwachsenen nicht beherrschen oder nur mit Mühe meistern. Wer schafft die nachfolgenden Sätze am schnellsten und wer hält am längsten aus?

In Ulm und um Ulm und um Ulm herum.

Bürsten mit schwarzen Borsten bürsten besser
als Bürsten mit blauen Borsten.

Es klapperte die Klapperschlang',
bis ihre Klapper schlapper klang.

Klitzekleine Kinder können keinen Kirschkern knacken.

Fischers Fritz fischt frische Fische,
frische Fische fischt Fischers Fritz.

Hinter Hansens Hasenhaus
hängen hundert Hasen raus,
hundert Hasen hängen raus,
hinter Hansens Hasenhaus.

Blaukraut bleibt Blaukraut,
Brautkleid bleibt Brautkleid.